The Bossy Gallito
El Gallo de Bodas

A
TRADITIONAL
CUBAN FOLKTALE

Retold by Lucía M. González
Illustrated by Lulu Delacre

ISBN 10: 0-15-385930-X
ISBN 13: 978-0-15-385930-4

5 6 7 8 9 10   0940   18 17 16 15
4500533134

Para Annie,
que le gustan tanto los cuentos.
Para Moro y mis padres,
por su apoyo y amor.
L.M.G.

Para Marta Elena y Brad,
los recién casados.
L.D.

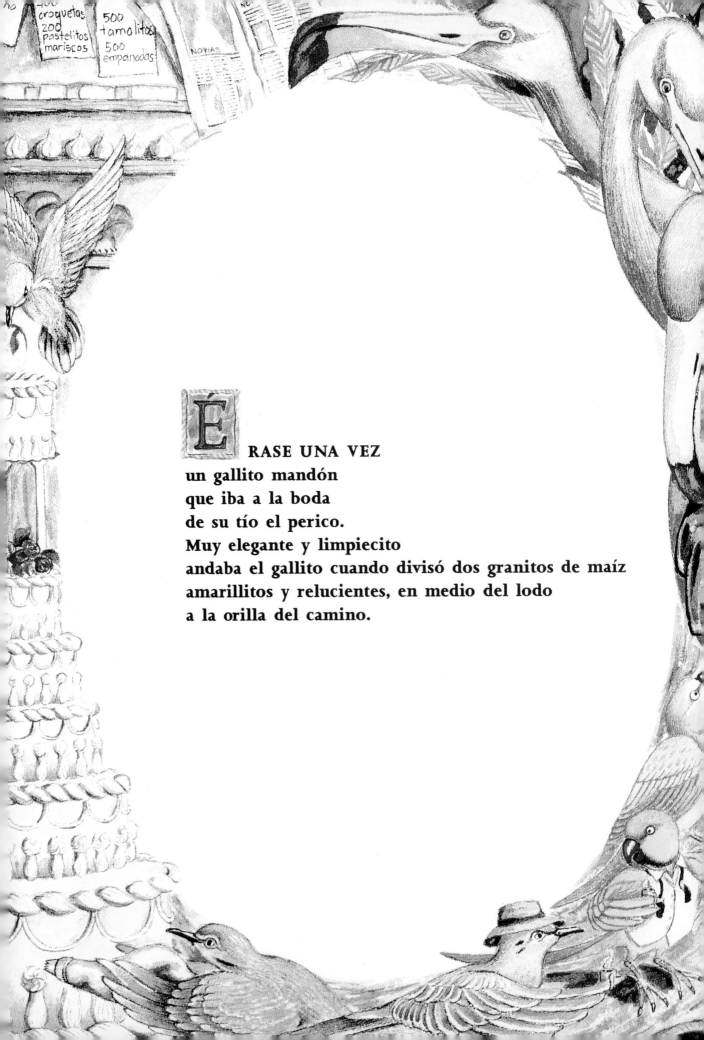

ÉRASE UNA VEZ
un gallito mandón
que iba a la boda
de su tío el perico.
Muy elegante y limpiecito
andaba el gallito cuando divisó dos granitos de maíz
amarillitos y relucientes, en medio del lodo
a la orilla del camino.

El gallito se detuvo y pensó:
  —¿Pico o no pico?
    Si pico me ensucio el pico
    y no podré ir a la boda
    de mi tío Perico.
Sin pensarlo dos veces
picó y se ensució el pico.

Más adelante vio la yerba que había al otro lado
del camino.

Entonces le dijo a la yerba:

      —Yerba, límpiame el pico
        para ir a la boda
        de mi tío Perico.

Pero la yerba le contestó:

      —¡No te lo limpiaré!

El gallito entonces fue
a donde estaba el chivo y le ordenó:
  —Chivo, cómete la yerba
    que no me quiere limpiar el pico
    para ir a la boda
    de mi tío Perico.
Pero el chivo, al que no le gustaba
que lo mandaran, contestó:
  —¡No me la comeré!

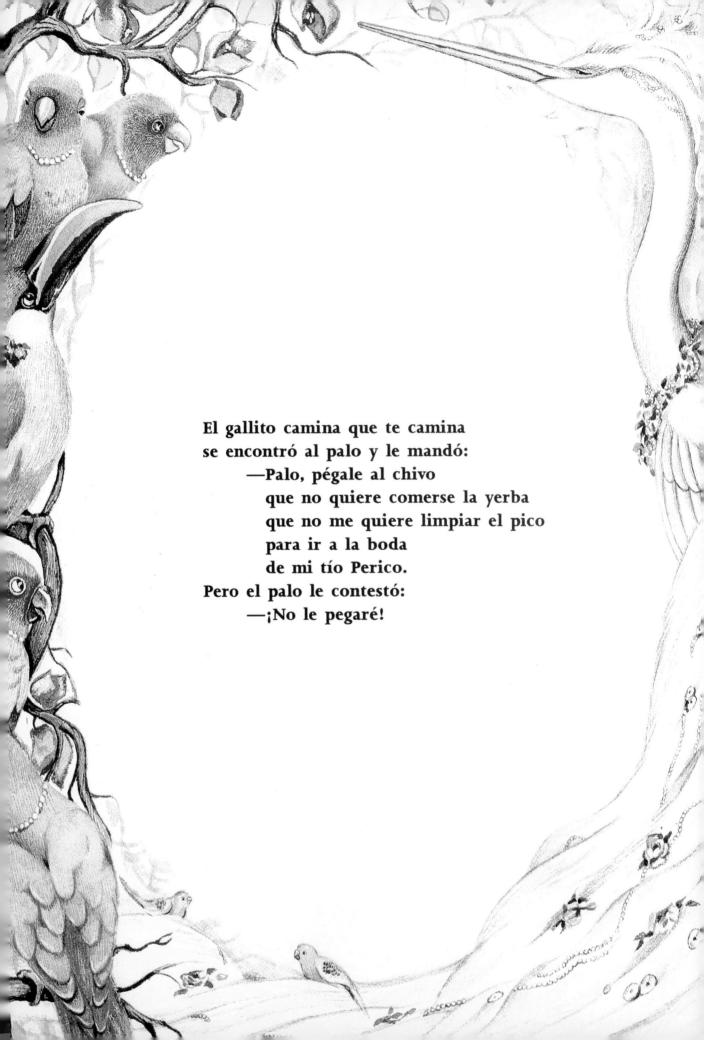

El gallito camina que te camina
se encontró al palo y le mandó:
    —Palo, pégale al chivo
      que no quiere comerse la yerba
      que no me quiere limpiar el pico
      para ir a la boda
      de mi tío Perico.
Pero el palo le contestó:
    —¡No le pegaré!

El gallito entonces vio al fuego
que ardía entre un matorral cercano y le exigió:
    —Fuego, quema el palo
        que no quiere pegarle al chivo
        que no quiere comerse la yerba
        que no me quiere limpiar el pico
        para ir a la boda
        de mi tío Perico.
Pero el fuego le contestó:
    —¡No lo quemaré!

El gallito no sabía que más podía hacer. De repente se fijó en el sol que lo miraba con una sonrisa desde el cielo. Él era su amigo. El gallito siempre lo despertaba con su canto tempranito en la mañana.

—Sol, por favor, seca el agua
que no quiere apagar el fuego
que no quiere quemar el palo
que no quiere pegarle al chivo
que no quiere comerse la yerba
que no me quiere limpiar el pico
para ir a la boda
de mi tío Perico.

Y el sol le contestó:
—¡Con gran placer!

Al escuchar al sol, el agua con temor dijo:
    —Perdón, yo apagaré el fuego.
Y el fuego dijo:
    —Perdón, yo quemaré el palo.
Y el palo dijo:
    —Perdón, yo le pegaré al chivo.
Y el chivo dijo:
    —Perdón, yo me comeré la yerba.
Y la yerba dijo:
    —Perdón, yo te limpiaré el pico.
Y así lo hizo.

El gallito le dio las gracias a su amigo
el sol con un largo:
—¡QUI-QUI-RI-QUÍ!

... y siguió su camino
apuradito para llegar
a tiempo a la boda
de su tío Perico.

GLOSSARY **GLOSARIO**

Aquí tienes algunas de las palabras que aparecen en el cuento. Según vayas leyendo, trata de sustituir las palabras en español por su equivalente en inglés.

Gallito mandón (guy * YEE * to mahn * DOAN)	bossy little rooster
Tío Perico (TEE * o peh * REE * ko)	Uncle Parrot
Pico (PEE * ko)	beak
Maíz (mah * YEES)	corn
Yerba (YAIR * bah)	grass
Chivo (CHEE * vo)	goat
Palo (PAH * lo)	stick
Fuego (FWAY * go)	fire
Agua (AH * gwah)	water
Sol (SOAL)	sun
Recién casados (reh * see * YEN cah * SAH * those)	just married

Esto es lo que el gallito mandón dice para sí, mientras decide si debe o no comerse el maíz.

If I eat	**¿Pico o no pico?**
I'll dirty my beak	**Si pico me ensucio el pico**
and I won't be able to go	**y no podré ir**
to the wedding of my Tío Perico	**a la boda de mi tío Perico**

SOBRE EL CUENTO

Durante mi niñez en Cuba, crecí escuchando los cuentos de mi tía abuela Nena. Las noches en el campo, sin luz eléctrica, eran impenetrablemente oscuras y silenciosas. Todas las noches nos sentábamos a su alrededor para escuchar sus cuentos y sus experiencias. "El Gallo de Bodas" era uno de mis cuentos favoritos y yo le pedía que me lo contara una y otra vez. Desde entonces nunca lo he olvidado.

Diferentes versiones de este cuento llegaron a Cuba, y a otros países de Latinoamérica, desde España, hace mucho tiempo. "El Gallo de Bodas" es la versión cubana. Hoy es uno de los relatos infantiles más populares en Cuba. Es mi esperanza que cuentos tradicionales como "El Gallo de Bodas" se les sigan contando a nuestros niños en los Estados Unidos.*

Sobre el gallito mandón

Siempre que hay varios gallos en un mismo corral, uno de ellos se establece como jefe de la cría. Para lograr su supremacía, este gallito debe ser bravo y ganar muchas peleas.

Los gallos de pelea son muy populares en los pueblos hispanos del Caribe. Los hombres se enorgullecen de la valentía de sus gallos, y les componen versos y baladas. Son los aristócratas de la cría.

Sobre el perico

Los pericos son animales domésticos muy comunes en los países latinoamericanos. Generalmente se distinguen de los periquitos, los loros, las cotorras y los guacamayos por su tamaño y por el color de su plumaje.

---

*Existen diferentes versiones de este cuento popular en varios países. Una de ellas es conocida como "La vieja y el cerdo". Otra versión es una de las canciones tradicionales de Passover, "Had Gadya", que se supone tiene sus orígenes en una canción de cuna francesa que data de hace varios siglos.

SOBRE LAS ILUSTRACIONES

Desde la primera vez que leí la versión de "El Gallo de Bodas", de Lucía González, quedé encantada. Poseía un indiscutible sabor cubano que me pareció debía representar en las ilustraciones. De modo que decidí situar el cuento en un lugar de Miami conocido como *Little Havana*. Tomé cientos de fotografías de las calles, de una boda, de la gente, y de los pájaros, fotos que me ayudaron a darle verdadera autenticidad al arte.

El reparto

Todos los pájaros que aparecen en las ilustraciones son moradores del área de Miami; muchos de ellos son aves migratorias.

El gallito — Gallo de pelea
La novia — Gran garza blanca
El novio — Perico de anillo rosado
La madre de la novia — Tucanilla esmeralda
El padre de la novia — Paloma codorniza roja
Las damas de la novia — Loras de sol y
  periquitos
La peluquera, el chófer, los fotógrafos, y el
  dueño del cafetín — Flamingos rosados
Los jugadores de dominó — Paloma codorniza
  roja, paloma de Key West, y tórtola de anillo
El sacerdote — Águila americana de cabeza
  blanca

El escenario

El gallito mandón se pasea por la Calle Ocho en *Little Havana*, el corazón de la comunidad cubana de Miami.

La iglesia representada es *Plymouth Congregational Church*, construida en el año 1917. Su diseño es imitación de una antigua iglesia en Misión, México. La puerta principal data del siglo XVII y proviene de un monasterio en Europa. La iglesia es de piedra coral y está localizada en *Coconut Grove*.

(Continúa)

Las tradiciones y la cultura

Mantilla de blonda — Esta mantilla de encaje se utiliza durante la misa de velaciones. La mantilla la prenden dos damas, seleccionadas con anterioridad, sobre la cabeza de la novia y los hombros del novio una vez que la pareja ha intercambiado los anillos. Representa la unión eterna de los cónyuges.

Juego de dominó — Este juego de mesa es uno de los más favoritos entre los hombres cubanos. En el "parque del dominó", en plena Calle Ocho, se reunen amigos para conversar y jugar como solían hacerlo en Cuba.

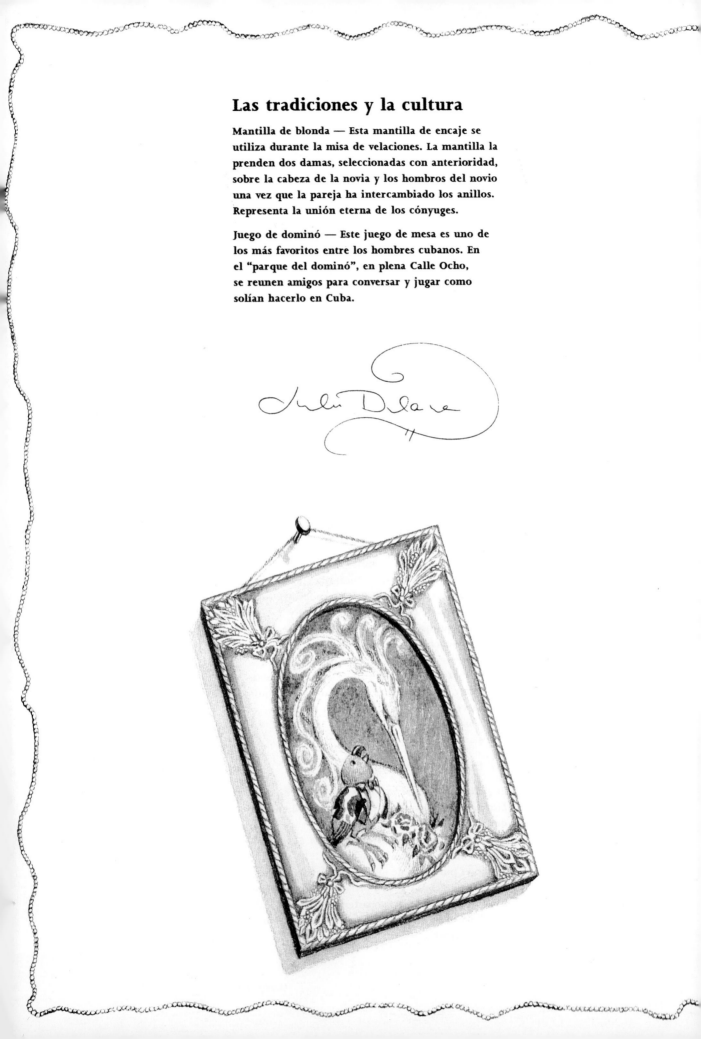